Bibliografische Information der Deutschen Nationalbibliothek:

Die Deutsche Bibliothek verzeichnet diese Publikation in der Deutschen National-
bibliografie; detaillierte bibliografische Daten sind im Internet über http://dnb.d-
nb.de/ abrufbar.

Impressum:

Copyright © 2009 GRIN Verlag, Open Publishing GmbH
Druck und Bindung: Books on Demand GmbH, Norderstedt Germany
ISBN: 9783640482658

Dieses Buch bei GRIN:

http://www.grin.com/de/e-book/138784/konsolidierung-zentralisierung-virtualisie-
rung-von-rechenzentren

Günter Weißelberg

Konsolidierung, Zentralisierung & Virtualisierung von Rechenzentren

GRIN Verlag

GRIN - Your knowledge has value

Der GRIN Verlag publiziert seit 1998 wissenschaftliche Arbeiten von Studenten, Hochschullehrern und anderen Akademikern als eBook und gedrucktes Buch. Die Verlagswebsite www.grin.com ist die ideale Plattform zur Veröffentlichung von Hausarbeiten, Abschlussarbeiten, wissenschaftlichen Aufsätzen, Dissertationen und Fachbüchern.

Besuchen Sie uns im Internet:

http://www.grin.com/

http://www.facebook.com/grincom

http://www.twitter.com/grin_com

Fachhochschule
für Oekonomie & Management
University of Applied Sciences

Standort Köln Nord (Leverkusen)

Berufsbegleitender Studiengang zum

Diplom - Wirtschaftsinformatiker

5. Semester

Hausarbeit Hardware und Betriebssysteme

Konsolidierung, Zentralisierung & Virtualisierung von Rechenzentren

Autor: Günter, Weißelberg

Kerpen, den 21.06.2009

Inhaltsverzeichnis

Abbildungsverzeichnis

Abkürzungsverzeichnis

CIO	Chief Information Officer
CTSS	Conversational Time Sharing System
dpi	dots per inch
HA	High-Ability
Http	Hypertext Transfer Protocol
LAN	Local Area Network
PC	Personal Computer
ROI	Return on Investment
VM	Virtual Machine
VMM	Virtual-Machine-Monitor
WAN	Wide Area Network

1. Einleitung

Kosten, Zeit und Qualität sind die betriebswirtschaftlichen Aspekte, die ein CIO in der heutigen Zeit gerecht werden muss. Um diesem Druck entgegen treten zu können, werden andere neue Technologien entwickelt, und andere alte Technologien weiter entwickelt. Software-Anwendungen stehen deshalb im Focus der CIO´s. Die Abhängigkeit der Unternehmen von diesen Anwendungen ist enorm. Workflows innerhalb eines Unternehmens, aber auch die Abläufe mit den Kunden und Partnern setzen in der heutige Zeit hohe Maßstäbe an die Leistungsfähigkeit der Rechenzentren. Jederzeit und an jedem Ort einen zuverlässigen Zugang zu den Daten und den Anwendungen zu haben, ist eine Herausforderung, der die Administration gerecht werden muss.

Die Virtualisierung durch VMware, Konsolidierung durch Main-Frams (Großrechner) und die Zentralisierung durch die Zusammenführung von Rechenzentren können in einem Unternehmen zur Verbesserung des Return on Investment (ROI) führen. Diese Themen sind nicht neu und haben eine ca. 50 jährige Geschichte hinter sich. Um eine optimale Ressourcennutzung zu ermöglichen, kommt es in vielen Fällen zur Konsolidierung oder zur Virtualisierung von Client-Server Farmen.

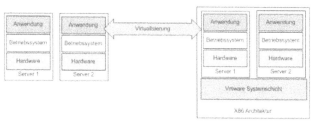

Abb. 1-1 Beispiel einer Virtualisierung

Zurzeit erlebt die Virtualisierung eine starke Nachfrage, doch ist die Virtualisierung alles andere als ein neues Thema - auf Basis der Main-Fram existiert diese bereits seit ca. 50 Jahren.
Ein weiteres stark diskutiertes Thema im Kontext zur Virtualisierung ist die Green IT. Durch die Konsolidierung und Virtualisierung von Hardware und Software nimmt auch in der IT das Umweltbewusstsein zu. Durch Einsparungen beim Energieverbrauch und des Materialverbrauchs soll auch hier ein nicht unerheblicher Beitrag zur Verringerung des CO_2 Ausstoßes gemacht werden und damit dem Klimawandel entgegen gewirkt werden. Viele große Firmen greifen dieses Thema auf und wagen den Schritt in Richtung Virtualisierung, Konsolidierung und Zentralisierung.[1]

---

[1] Vgl. Anonymus. (2009). White Paper Im Focus: Citrix 20 Jahre Erfahrung in der Virtualisierung. SearchDataCenter.de. S. 1 ff

So wurde auch bei der Kölner Verkehrs Betriebe AG im Jahr 2007 die Idee zur Virtualisierung und Konsolidierung im Bereich der Prozesstechnik als Lösung für ein HA (High-Ability) Problem gebildet.[2]

2. Geschichtliche Entwicklung im Ansatz

Wie in der Einleitung erwähnt, wurden in den 50er Jahren in Amerika das „Conversational Time Sharing System" an der University of Cambridge entwickelt. Mit dem CTSS wurde eine Ressourcenaufteilung für verschiedene Aufgaben ermöglicht. Damit wurde der erste Schritt in Richtung Virtualisierung getan. In den 60er Jahren hat IBM diese Entwicklung aufgegriffen und weiter geführt. Ende der 60er Jahre hat IBM mit dem IBM/370 System ein Main-Fram System entwickelt, das schon erste Merkmale der Virtualisierung aufwies. Dieses System wurde vom IBM als Produkt akzeptiert und ist heute noch als z/VM auf den Großrechnern vorhanden. In vielen großen Daten-Centern wird dies eingesetzt.[3] Erst Ende der 90er hielt die Virtualisierung Einzug in die Unternehmen. Dies lässt sich durch die steigende Leistungsfähigkeit der Server und PCs erklären, aber auch durch den massiven Preisverfall, den man am Markt beobachten kann. Der PC (Personal Computer) hat Unternehmen revolutioniert, so dass ein Leben ohne ihn unvorstellbar wäre.

3. Die Idee

In Rechenzentren heutiger Unternehmen stehen eine Vielzahl von dedizierten Servern. Das Wort Konsolidierung kommt ursprünglich aus der Finanzwirtschaft und steht in der IT für die Zusammenführung und Vereinheitlichung von Computertechniken. Die Idee die hier vorliegt, ist z.b. die Zusammenführung von gleichen Softwareanwendungen z.b. von Exchange Server, File-Server und Backupsystemen. Aber auch das Bestreben nach einer einheitlichen Hardwarelandschaft wird unter Konsolidierung verstanden.

Rechenzentren platzen aus allen Nähten, historisch gewachsene Serverlandschaft machen den administrativen Aufwand sehr hoch. Auf zwei wesentliche Punkte muss bei Entscheidungen zur Virtualisierung, Konsolidierung und Zentralisierung muss geachtete werden:

- **Applikationsperformance**
- **Verfügbarkeit**

[2] Vgl. Anonymus. (2009). White Paper Im Focus: Citrix 20 Jahre Erfahrung in der Virtualisierung. SearchDataCenter.de. S. 1 ff
[3] Vgl. Tanenbaum, A. (2009). Moderne Betriebssysteme (Bd. Auflage 3). München: Pearson Studium. S.105

Diese wesentlichen Punkte der Performance und der Verfügbarkeit sollten möglichst gleichzeitig betrachtet werden. Bei einer nicht gleichzeitigen Betrachtungsweise besteht die Gefahr, dass eines dieser Merkmale zu Ungunsten des anderen ausfällt.

Die Client-Server-Architektur basiert auf der Überlegung, Server und Clients nahe beieinander zu haben, um höhere Applikationsperformance zu erzielen. Verfolgt man das Thema der Konsolidierung, so wird man feststellen, dass dies mit dem Punkt der Applikationsperformance antizipiert. Viele Unternehmen, die sich für eine Konsolidierung entscheiden, erhöhen die Bandbreite um diesen Effekt abzufedern. Oft liegt die Problematik nicht an der Performance des WANs, viel eher an einer Unzulänglichkeit im Applikationsprotokoll. Eine Bandbreitenerweiterung ist sehr kostspielig und lässt den Kostenvorteil, den man sich durch eine Konsolidierung erhofft, schmelzen.

3.1 Steigerung der Systemverfügbarkeit

Die Folgen eines Systemausfalls steigen mit der Anzahl der Anwender, die von diesen Servern bedient werden. Die bisher vorhandene Downtime einzelner Systeme entfällt mit der Konsolidierung. Deshalb ist es erforderlich eine umfassende Strategie für die Bereiche des Disaster Recovery und des Business Continuity zu entwickeln. Hilfsmittel, die einem Unternehmen zur Verfügung stehen, sind Technologien wie Data Replication oder Continous Data Protection bei dezentralen Standorten usw.. Bei Konsolidierung von Serverlandschaften, sowie bei der Zentralisierung steht zwar die Rechnerleistung im Vordergrund, doch sollte man die Verfügbarkeit nicht vernachlässigen.

Server Hoch-Verfügbar machen: Aber wie?

Dieser Fragestellung kann man entgegnen mit einer Cold-Standby- oder Hot-Standby- Lösung. Bei einer Cold-Standby- Lösung wird ein Twin-Server (Zwilling) erstellt, der beim Ausfall des aktiven Servers, durch z.B. das Tauschen der Netzwerkkarte oder der Festplatte in Betrieb genommen wird. Bei dieser Lösung kann nicht sichergestellt werden, ob auch wirklich alle Daten dem Anwender wieder zur Verfügung stehen. Eine weitere Möglichkeit zur Sicherstellung einer Hochverfügbarkeit ist die Hot-Standby-Lösung. Hierbei handelt es sich um zwei Server, die über den gleichen Informationsstand verfügen. [4]

---

[4] Vgl. Lorentz, C. (10. 06 2009). Von Searchdatacenter:
http://searchdatacenter.de/thmenbereiche/virtualisierung/strategien/articels/190861

Wie in der Abbildung unten gezeigt wird, betreibt man bei einer solchen Lösung eine zusätzliche Netzwerkkarte an beiden Rechnern, über den der Abgleich der Daten läuft.[5]

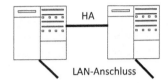

Abb. 3.1-1 Aufbau eines Hochverfügbaren Servers

Ein Grund, warum bei der Kölner Verkehrs- Betriebe AG ein ganzes System virtualisiert wurde, war, wie in der Einleitung erwähnt, die Bereitstellung einer ausfallsicheren Hardware. Die Hochverfügbarkeit dieser Anlage wurde durch den Aufbau eines METRO-CLUSTERs erreicht. Hierzu wurden 4 ESX-Server über Fiberchanel an zwei von einander getrennten Rechenzentren aufgebaut.

Ein METRO-CLUSTER ist eine integrierte Storage-Lösung, die über eine standortübergreifende synchrone Datenspiegelung verfügt. Daten des primären Standortes werden für den entfernten Standort repliziert, um dessen vollständige Aktualität zu gewährleisten. Die Kombination aus Failover und Datenreplizierung stellt sicher, dass Notfallwiederherstellungen ohne Datenverluste innerhalb von Minuten, anstatt von Stunden oder Tagen, möglich sind. Bei einem Ausfall, sei es durch ein begrenztes Hardware-Problem oder einen standortweiten Notfall, erweitert Metro-Cluster die Vorteile der Cluster-Servertechnologie (Microsoft Cluster, Unix-Cluster, etc.) auf weit entfernte Standorte.

3.2 Die Vereinfachung

Durch den Aufbau eines solchen Clusters in Kombination einer VM Umgebung erreichten die Kölner Verkehrs-Betriebe AG nicht nur eine Hochverfügbarkeit der Serverlandschaft. Sondern durch den Einsatz des Virtual Centers bekam die Administration ein Werkzeug in die Hand mit dem alle Server dieser Umgebung gemanagt werden können. Über das Virtual Center lassen sich Leistungsmerkmale abrufen, aber auch die Rechtevergabe von Servern managen. Ein weiterer Aspekt besteht in der vereinfachten Anpassung von Hardwareressourcen, an die Leistungsanforderung. Da VM „nur" ein Stück Software ist, kann diese besser an die Leistungsmerkmale angepasst werden, als die Hardware selbst.[6]

---

[5] Vgl. Lorentz, C. (10. 06 2009). Von Searchdatacenter:
http://searchdatacenter.de/thmenbereiche/virtualisierung/strategien/articels/190861
[6] Vgl. Herbst, R. (09. 06 2009). Der Computer als Applikation. Berlin.

Durch die Möglichkeit sogenannte Snapshots (Zustandsabbilder) einer VM anzufertigen, in dem der gesamte Inhalt des virtuellen Speichers und alle Hardwareregister gesichert sind, ist der Administration die Möglichkeit gegeben ohne große Gefahr Software Updates durchzuführen. Diese Snapshots lassen es zu, sollte ein Update mal nicht funktionieren, die Server schnell und unkompliziert wieder in den Urzustand zurückzuführen. Innerhalb der virtuellen Serverlandschaft besteht eine sehr schnelle Netzwerkanbindung. Die Liste der Vorteile einer VM Umgebung ließe sich noch fortsetzen, dies würde den Rahmen dieser Arbeit aber sprengen.[7] Die gesamte Umgebung einer VM wird in einer Datei gespeichert, so dass man diese leicht kopieren, verschieben und sichern kann.[8]

4.   Hardware (Server und Client Architektur)

Serverrechner sind Rechner, die Dienste und Ressourcen zur Verfügung stellen. Server, wie Serverrechner auch häufig genannt werden, verwalten gemeinsam von Benutzern genutzte Ressourcen. Mit Ressourcen werden zum Beispiel Datenbanken, Drucker, externe Speicher oder Anwendungen bezeichnet, die von einem zentralen Server bereitgestellt werden. Server sind leistungsstarke Rechner, die meist über mehr als nur einen Zentralprozessor verfügen. Um eine hohe Leistung zu erzielen, werden Server auch mit einem hohen Arbeitsspeicher (512MB - 512GB) ausgestattet. Die Festplatten werden in der Regel über RAID-Verbände redundant aufgebaut und können Speicherkapazitäten von einigen Gigabyte bis zu mehreren Petabyte erreichen.

Server werden mit speziellen Betriebssystemen versehen, um höhere Leistungen bereitstellen zu können. Als Betriebssystem werden diese Rechner mit Microsoft Windows 2003 oder aber mit Unix Systemen ausgestattet.[9]

Ein Web-Server ist ein Serverdienst (z.B. Apache), der nach dem HTTP-Protokoll Informationen (Dokumente, Audio-, Videodateien usw.), über das Medium Internet den Clients zur Verfügung stellt. Ein Client ist der Browser auf einem Hostrechner.

---

[7] Vgl. Wickborn, F. (27. 02 2002). Virtualisierung Ansätze und Möglichkeiten. Germany.
[8] Vgl. Herbst, R. (09. 06 2009). Der Computer als Applikation. Berlin.
[9] Vgl. Neumann Gustaf, Hansen Hans Robert: Wirtschaftsinformatik 1,
Lucius & Lucius Verlagsgesellschaft mbH, Stuttgart 2005 Auflage 9, S.72 ff

Serverrechner lassen sich in folgende Kategorien einteilen:

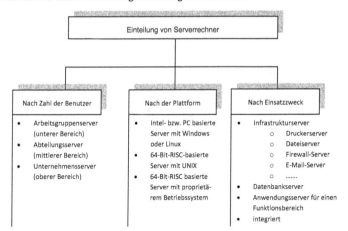

In Anlehnung an: „Wirtschaft Informatik 1" Neumann / Hansen S.74
Abb. 4-1 Klassifikation von Serverrechner

Ein Rechner, so auch ein Client, verfügt über einen funktionalen Aufbau. Ein Rechner besteht, wie aus Abbildung 4-2 zu ersehen ist, aus einer Zentraleinheit, dem Zentralspeicher, einer Eingabemöglichkeit und einer Ausgabemöglichkeit, sowie aus einem externen Speicher.[10]

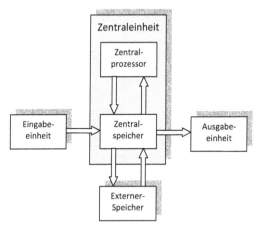

In Anlehnung an: Neumann, G., & Hansen, H.-R. (2009). Wirtschaftsinformatik 2. Stuttgart: Lucius & Lucius Verlagsgesellschaft mbH. S.4
Abb. 4-2 Funktionaler Aufbau eines Rechners

---

[10] Vgl. Neumann, G., & Hansen, H.-R. (2009). Wirtschaftsinformatik 2. Stuttgart: Lucius & Lucius Verlagsgesellschaft mbH. S.6

Die meist gebräuchlichen Rechner arbeiten nach dem Prinzip der von-Neumann-Architektur.[11] Allein über diese Arbeitsweise lässt sich eine eigene Hausarbeit schreiben. Aus diesem Grund wird hier nicht weiter auf Aufbau eines Clients eingegangen.

4.1 Virtualisierung. Was ist das?

Durch die Vielzahl dedizierter Server in einem Rechenzentrum, die nicht nur unterschiedliche Aufgaben wahrnehmen, sondern auch über unterschiedliche Betriebssysteme verfügen, bietet die Virtualisierung die Möglichkeit, alle diese Server auf einer Hardware laufenzulassen. Betrachtet man einen Server näher, so wird man feststellen, dass man verschiedene Schichten unterscheiden kann: Anwendungsschicht, Betriebssystemschicht und Hardwareschicht. [12]

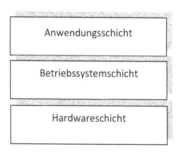

In Anlehnung an: Balmes, F. (2008). Server-Virtualisierung und Konsolidierung im Rechenzentrumsbetrieb unter besonderer Berücksichtigung von Anforderung an Verfügbarkeit, Datenschutz, Datensicherheit und Kosten (Bd. 1). Neuwied: Grin Verlag. S.15
Abb. 4.1-1 Schichtmodell ohne Virtualisierung

---

[11] Vgl. Neumann, G., & Hansen, H.-R. (2009). Wirtschaftsinformatik 2. Stuttgart: Lucius & Lucius Verlagsgesellschaft mbH. S.6
[12] Vgl. Tanenbaum, A. (2009). Moderne Betriebssysteme (Bd. Auflage 3). München: Pearson Studium. S.107

Wie an dieser Darstellung zu erkennen ist, läuft das Betriebssystem direkt auf der Hardware. Die Verwaltung der Hardware wird vollständig von einem Betriebssystem übernommen. Das Prinzip des Virtualisierungsverfahren beruht auf der Tatsache, dass auf die Hardwareschicht eine Virtualisierungsschicht aufgesetzt wird.[13]

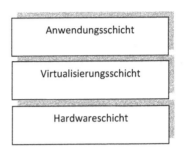

Abb. 4.1-2 Schichtmodell mit Virtualisierung

Um die Unterschiede der Schichten bei der Verwendung von einem Virtualisierungsverfahren zu verstehen, ist es notwendig, die Virtualisierungs- und auch die Anwenderschicht genauer zu betrachten. Der Hypervisor verwaltet die gesamte Hardware innerhalb der Virtualisierungsschicht. Der Hypervisor fungiert vom Prinzip her wie ein Betriebssystem, was die gesamte Hardware kontrolliert. Innerhalb der Virtualisierungsschicht befindet sich die Hypervisorschicht.

Auf dieser Schicht setzt sich die Ebene des Virtual-Machine-Monitor (VMM)auf. Schaut man noch genauer hin, so wird man feststellen, dass es sich um mehrere VMM´s handelt. Jeder dieser VMM´s hat die Aufgabe eine Systemumgebung für eine virtuelle Maschine bereitzustellen. [14]

---

[13] Vgl. Balmes, F. (2008). Server-Virtualisierung und Konsolidierung im Rechenzentrumsbetrieb unter besonderer Berücksichtigung von Anforderung an Verfügbarkeit, Datenschutz, Datensicherheit und Kosten (Bd. I). Neuwied: Grin Verlag. S.15
[14] Vgl. ebd.

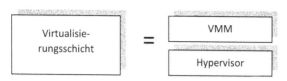

In Anlehnung an: Balmes, F. (2008). Server-Virtualisierung und Konsolidierung im Rechenzentrumsbetrieb
unter besonderer Berücksichtigung von Anforderung an Verfügbarkeit, Datenschutz, Datensicherheit und
Kosten (Bd. I). Neuwied: Grin Verlag. S.16
Abb. 4.1-3 Detail Virtualisierungsschicht

Betrachtet man in Analogie zur herkömmlichen Ansicht Abb.4.1-1, so kann man sagen, dass die Hypervisorschicht die Aufgabe des Betriebssystems übernimmt, und die VMM-Schicht die der Anwendung.

Kommt nun das Virtualisierungsverfahren zum Einsatz, so muss dafür gesorgt werden, dass die Anwendungsschicht über die Virtualisierungsschicht aufgesetzt wird.

Betrachtet man nun die Anwendungsschicht ebenfalls genauer, so wird man feststellen, dass aus der VMM-Schicht die virtuelle Maschine als Anwendung aufgesetzt wird.

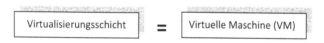

In Anlehnung an: Balmes, F. (2008). Server-Virtualisierung und Konsolidierung im Rechenzentrumsbetrieb
unter besonderer Berücksichtigung von Anforderung an Verfügbarkeit, Datenschutz, Datensicherheit und
Kosten (Bd. I). Neuwied: Grin Verlag. S.17
Abb. 4.1-4 Anwendungssicht bei Virtualisierung

Betrachten wir beide Maschinen (mit und ohne Virtualisierung), so lassen sich Ähnlichkeiten feststellen. Die Hardwareschicht (ohne Virtualisierung) entspricht der VMM-Schicht (mit Virtualisierung). Bei der Zuordnung der Betriebssystemschicht und der Anwendungsschicht (ohne Virtualisierung), entsprechen diese der virtuellen Maschine (mit Virtualisierung), also der Anwendungsschicht.[15]

---

[15] Vgl. Balmes, F. (2008). Server-Virtualisierung und Konsolidierung im Rechenzentrumsbetrieb unter besonderer Berücksichtigung von Anforderung an Verfügbarkeit, Datenschutz, Datensicherheit und Kosten (Bd. I). Neuwied: Grin Verlag. S.15

Bei dieser Betrachtung wird nun klar, dass sich durch die Verwendung von Virtuali-sierung, die Betriebssystemschicht der VM auf die Anwendungsschicht verschiebt.[16]

Durch diese Technik sind VM´s vollständig vom Hostsystem und anderen VM´s ent-koppelt. Sollte es bei einer VM zu einem Problem kommen, so besteht nicht die Gefahr, dass andere VM´s in Mitleidenschaft gezogen werden.

4.2 Virtualisierung von Client/Server Systemen

Bei Client/Server-Computing, handelt es sich um, eine Art der Abwendung von der Zentralisierung durch Mainframe-Strukturen. Ein Merkmal des Client/Server-Computing ist die verteilte Datenhaltung. Eine Trennung zwischen den Servern (Dienstanbieter) und den Clients (Dienstabnehmer) ist der Grundgedanke dieser Architektur. Bei Client/Server Architekturen werden die PC´s als Client und die Workstations als Server eingesetzt.

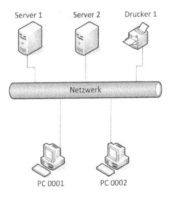

Abb. 4.2-1 Klassischer Client/Server Aufbau

Eine nicht zu vernachlässigende Anforderung wird an das Betriebssystem gestellt, welches auf dem Server aber auch auf dem Client installiert sein muss. Diese Anfor-derung besteht in der Multitaskfähigkeit des Betriebssystems. Hierbei können heute Windows-Server, Unix oder Linux Systeme serverseitig zum Einsatz kommen. Auf

[16] Vgl. Balmes, F. (2008). Server-Virtualisierung und Konsolidierung im Rechenzentrumsbetrieb unter besonderer Berücksichtigung von Anforderung an Verfügbarkeit, Datenschutz, Datensicherheit und Kosten (Bd. I). Neuwied: Grin Verlag. S.15

Seite der Clients liegt die Auswahl ähnlich. Hier kann auf Windows Vista oder Windows 7 sowie auf Linux oder Unix Systeme zurückgegriffen werden. [17]

Wie aus den Ausführungen zu entnehmen ist, stützt sich eine Client/Server-Landschaft nicht auf die Hardware-Frage, weshalb eine solche Umgebung heterogen aufgebaut ist.

Eine heterogene Server-Landschaft besteht in der Regel aus mehreren Servern mit unterschiedlichen Betriebssystemen, wie z.B. Windows und Unix. [18]

Diesen Ansätzen kann man entnehmen, dass diese Landschaft sich viel mehr auf die Anwendung, die ein Server dem Client zur Verfügung stellt, konzentriert. Damit die gesetzten Hoffnungen, die man in eine Client/Server-Landschaft setzt auch erfüllt werden, muss das Netz modular aufgebaut sein.

Wie in Kapitel 4.1 erläutert, besteht ein virtualisierter Server als ein Stück Software, dass auf einem ESX-Server mit einer entsprechenden Software betrieben wird. Um bestehende Server-Landschaften im laufenden Betrieb zu implementieren, besteht die Möglichkeit über den VM-Ware Konverter diese Server im laufenden Betrieb in ein solches Format umzuwandeln.

Hierbei werden alle Hardware Informationen des Servers sowie die Betriebssysteminformationen, aber auch die Anwendung über diesen Konverter so umgewandelt, dass diese auf der VM lauffähig ist.

4.3   Client Virtualisierung durch „Thin Clients"

Bei der Desktop-Virtualisierung erfolgt eine physikalische Trennung vom Personal Computer vom Benutzer. Dabei befindet sich der PC durch die Virtualisierung im Rechenzentrum, und nicht mehr vor Ort beim Benutzer. Mittels Remote Access Service (RAS) wird dem Benutzer die Möglichkeit des Zugriffes auf sein Desktop gegeben. Diese Konfiguration ähnelt im Ansatz dem einer Terminalserverlösung. Eine Steigerung zur Desktop-Virtualisierung ist es, wenn der PC als VM im Rechenzentrum betrieben wird. Dem Benutzer kann nun ein PC oder aber ein Thin-Client zur Verfügung gestellt werden. [19]

[17] Vgl. Anonymus. (kein Datum). itwissen. Abgerufen am 24. 05 2009 von http://www.itwissen.info/definition/lexikon/Client-Server-Architektur-C-S-client-server-architecture.html
[18] Vgl. Anonymus. (kein Datum). itwissen. Abgerufen am 24. 05 2009 von http://www.itwissen.info/definition/lexikon/Client-Server-Architektur-C-S-client-server-architecture.html
[19] Vgl. ebd.

Thin-Clients entsprechen einer Hardware Richtlinie. Sie sind Netzwerk- Computer. Die Richtlinie umfasst folgende Anforderung: Bildschirmauflösung von Minimum 640x480 dpi, eine Tastatur, eine Maus sowie die Soundfähigkeit. Dies von den führenden Herstellern spezifiziert. Der Personal-Computer (real), der beim Benutzer stand, wurde virtualisiert und liegt nun auf einem zentralen Server im Rechenzentrum.

Die Systemadministration ist nun in der Lage zentrale Programm-Updates durchzuführen. Thin-Clients sind reine Windows-Terminals, die im Server-Based-Computing aber auch für Remote-Anwendungen ausgelegt sind. Diese Geräte werden meist stationär beim Anwender eingerichtet.[20]

Für den Zugriff auf die VM´s müssen auf den Thin-Client die entsprechenden Protokolle wie z.B. das RDP-Protokoll, AIP-Protokoll oder ICA installiert sein.

Durch entsprechenden Passwort-Schutz werden die Remote-Access Parameter, entweder im Remote-Access Gerät oder im Windows Terminal Server geschützt.

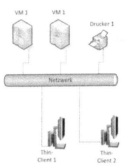

Abb. 4.3-1 Anbindung von Thin Clients an eine VM-Landschaft

Die Desktop-Virtualisierung wurde bei der Kölner Verkehrs- Betriebe AG im Bereich der Datenversorgung, aber auch in einem dezentralen Leitstand eingesetzt. Hierbei wurden den Verkehrsmeistern des Leitstands der aktuelle Zugriff auf die Standorte der Bahnen gegeben. Durch diesen Zugriff besteht nun die Möglichkeit Bahnen besser einzusetzen. Der verbesserte Einsatz der Fahrzeuge erhöht die Pünktlichkeit sowie natürlich die Kundenzufriedenheit.[21]

---

[20] Vgl. Anonymus. (5. 06 2009). Desktopvirtualisierung. Abgerufen am 26. 05 2009 von itwissen: http://www.itwissen.info/definition/lexikon/VDI-virtual-desktop-infrastructure.html
[21] Vgl. ebd.

5. Kosten-Nutzen Betrachtung

Einer der führenden Analysten „Gartner" brachte eine Studie heraus, aus der hervor
ging, dass die West-Europäische IT durchschnittlich 4% des Gesamtumsatzes in die
IT des Unternehmens investiert. Ein großer Anteil dieser Investitionen werden von
der IT für den Bereich der Hardware, Software und für Personalkosten verwendet.
Die Konsolidierung und die Zentralisierung durch Virtualisierung kann an diesen
Kostenarten einen Beitrag leisten und die Kosten senken. Durch Konsolidierung und
Optimierung der Ressourcen können Hardwarekosten reduziert werden. Hierbei
könnten kleine, einzelne Server durch einen großen Server ersetzt werden. Die Anwendungen werden dann auf den leistungsstarken Servern konsolidiert. Üblicher-
weise werden Server im Rechenzentrumsbetrieb nur mit einer geringen Auslastung
betrieben. Diese verfügbaren Rechner-Ressourcen bieten genügend Leistungsreser-
ve um mehrere Dienste zu vereinen.

Eine weitere Möglichkeit Kosten zu minimieren, ergibt sich aus den Softwarekosten.
Bisher eingesetzte Softwarelizensierungsmodelle können angepasst werden, da sich
bei verschiedene Softwarehersteller die Lizenzkosten nach der Anzahl der einge-
setzten CPU Zahl richtet. Bei einer Virtualisierungslösung kann man die Leistung des
Servers auf die Bedürfnisse des Betriebs bedarfsgenau einstellen. Darüber hinaus
sollte man die Einsparung im Bereich der Infrastruktur nicht außer Acht lassen.[22]

Durch die Möglichkeit der Konsolidierung, der Virtualisierung, ergeben sich auch
hier Einsparungen wie z.B. bei den Energiekosten, beim Raumbedarf sowie bei der
Kühlung. Die Energieeinsparung durch die Virtualisierung vieler kleiner Server bleibt
trotz der leistungsfähigeren Server und des dadurch resultierendem höheren Ener-
giebedarfs erhalten. Durch die Einführung von virtuellen Landschaften und die dar-
aus resultierende dynamische Leistungsanpassung der Server ergibt sich die Möglichkeit einer erhöhten Flexibilität. Dienste können ohne Unterbrechung auf andere
Hardwareressourcen verschoben werden. Durch den Aufbau eines hochverfügbaren
Cluster's, der über einen Dienst überwacht wird, besteht auch im Fehlerfall die au-
tomatische Übernahme auf andere Ressourcen. Ein weiterer Vorteil durch Virtualisierung liegt in der Abgeschlossenheit der einzelnen Server auf der Hardware. Dies
bedeutet, dass Server im Fehlerfall sich nicht gegenseitig negativ beeinflussen.
Durch die Vereinfachung der Administration, resultierend durch aus der gesamten
Maßnahmen und der mitgelieferten Werkzeuge zur Verwaltung virtueller Landschaften, ergibt sich auch in bei den Personalkosten ein Einsparpotential.

---

[22] Vgl. Jehle, H., Wittges, H., Bögelsack, A., & Kremer, H. (2008). Virtualisierungsarchitektur für den
Betrieb von VLBA. München.

Bezugnehmend auf die durchgeführten Maßnahmen bei der Kölner Verkehrs- Betriebe AG, wurde ein ROI (Return of Invest) von ca. 4 Jahren ermittelt. Nimmt man nun auch noch Bezug auf die erhöhte Ausfallsicherheit und die steigende Zufriedenheit der Anwender, so kann aus diesem Projekt eine positive Bilanz gezogen werden.[23]

6. Fazit

Hinter den Schlagwörtern: Konsolidierung, Zentralisierung und Virtualisierung verbergen sich eine ganze Reihe technologischer Ansätze und Innovationen. Mehr als 20.000 Firmen und 1 Mio. Anwender arbeiten bereits heute weltweit mit einer VM-Landschaft. Einige wenige leistungsstarke Server können bereits eine Vielzahl von kleinen Servern beherbergen. In den meisten Rechenzentren wuchs in den vergangen Jahren die Anzahl der Server Überdurchschnittlich an. Bedenkt man die Diskussionen über den CO_2 Ausstoß von PKWs und LKWs, so möchte ich hier die Gelegenheit nutzen um auf den, nicht direkt für den Anwender, sichtbaren Kohlendioxidausstoß mit dem täglichen Umgang mit dem PC zu machen. Hinter dem Internet verbergen sich Millionen von Servern in der ganzen Welt. Nimmt man nun die Selbstverständlichkeit dieser Nutzung zum Anstoß, so greife ich hier gern eine Untersuchung von Harvard-Physikern auf, die berechnet haben, dass schon das einfache Aufrufen einer Webseite pro Sekunde, 0,02g CO_2 Ausstoß verursacht. Rechnet man dies auf eine Stunde hoch, so liegen wir 72g CO_2. Ein modernes Auto hat ein CO_2 Ausstoß von ca. 130g pro Kilometer.[24]

Werden nun vermehrt Virtualisierungslösung in Unternehmen eingeführt, so wird auch hier ein sehr hoher Beitrag zum Klimaschutz geleistet. Laut „Internet facts" sind 66,6% der Deutschen ab 14 Jahren im Internet unterwegs. Dies sind 43.20 Millionen Deutsche.[25]

Rechnet man jetzt weiter und ermittelt den gesamten CO_2 Ausstoß, so kommen hier beachtliche Zahlen zusammen. Bei einem stochastichen ermittelten Durchschnittswert von 4 Zugriffen pro Web-Seite pro Tag und Anwender, so liegt der CO_2 Ausstoß allein in Deutschland bei 3.456 T CO_2.

---

[23] Vgl. Jehle, H., Wittges, H., Bögelsack, A., & Kremer, H. (2008). Virtualisierungsarchitektur für den Betrieb von VLBA. München.
[24] Vgl. Anonymus. (18. 06 2009). heise. Abgerufen am 18. 06 2009 von www.heise.de: http://www.heise.de/newsticker/Fuer-wieviel-CO2-Ausstoss-sind-Internetsuchen-verantwortlich-Update--/meldung/121540
[25] Vgl. Anonymus. (18. 06 2009). Abgerufen am 20. 06 2009 von agof.papaya-server: http://agof.papaya-server.com/index.605.html

Dies halte ich für sehr bedenklich und werde diese Werte weiter zum Anlass nehmen, die Virtualisierung bei der Kölner Verkehrs- Betriebe AG weiter voranzutreiben. Sicher ist die Konsolidierung, Zentralisierung und die Virtualisierung nicht der Weisheit letzter Schluss. Wie in der Einleitung erwähnt, geht die Entwicklung vorhandener Technologien immer weiter und auch auf neue Technologie kann in Zukunft gehofft werden. Unter den Gesichtspunkten des magischen Dreiecks:

Kosten, Zeit und Qualität dem steigenden Umweltbewusstsein, ist die Konsolidierung durch Virtualisierung für CIO's eine gute Möglichkeit nicht nur Kosten für das Unternehmen einzusparen. Sondern auch eine gute Möglichkeit etwas für unsere Umwelt zu tun. **Denn diese kann nicht virtualisiert werden.**

Literaturverzeichnis

Anonymus. (18. 06 2009). Abgerufen am 20. 06 2009 von agof.papaya-server: http://agof.papaya-server.com/index.605.html

Anonymus. (5. 06 2009). Desktopvirtualisierung. Abgerufen am 26. 05 2009 von itwissen: http://www.itwissen.info/definition/lexikon/VDI-virtual-desktop-infrastructure.html

Anonymus. (18. 06 2009). heise. Abgerufen am 18. 06 2009 von www.heise.de: http://www.heise.de/newsticker/Fuer-wieviel-CO2-Ausstoss-sind-Internetsuchen-verantwortlich-Update--/meldung/121540

Anonymus. (kein Datum). itwissen. Abgerufen am 24. 05 2009 von http://www.itwissen.info/definition/lexikon/Client-Server-Architektur-C-S-client-server-architecture.html

Anonymus. (2009). White Paper Im Focus: Citrix 20 Jahre Erfahrung in der Virtualisierung. SearchDataCenter.de.

Balmes, F. (2008). Server-Virtualisierung und Konsolidierung im Rechenzentrumsbetrieb unter besonderer Berücksichtigung von Anforderung an Verfügbarkeit, Datenschutz, Datensicherheit und Kosten (Bd. I). Neuwied: Grin Verlag.

Bell, M. A. (2006). Meeting the Data Center Power and Cooling Challenge. Gartner.

Herbst, R. (09. 06 2009). Der Computer als Applikation. Berlin.

Jehle, H., Wittges, H., Bögelsack, A., & Kremer, H. (2008). Virtualisierungsarchitektur für den Betrieb von VLBA. München.

Kretschmer, B. (Juni 2009). Extrem Schlank. ix , 64.

Lorentz, C. (10. 06 2009). Von Searchdatacenter: http://searchdatacenter.de/thmenbereiche/virtualisierung/strategien/articels/1908 61 abgerufen

Neumann, G., & Hansen, H.-R. (2009). Wirtschaftsinformatik 2. Stuttgart: Lucius & Lucius Verlagsgesellschaft mbH.

Neumann, G., & Hansen, H.-R. (2005). Wirtschftsinformatik 1. Stuttgart: Lucius & Lucius Verlagsgesselschaft mbH.

Tanenbaum, A. (2009). Moderne Betriebssysteme (Bd. Auflage 3). München: Pearson Studium.

Wickborn, F. (27. 02 2002). Virtualisierung Ansätze und Möglichkeiten. Germany.